Género Cuento folclórico

Pregunta esencial

¿Cuándo te ha ayudado un plan a cumplir una tarea?

La zarigüeya encuentra el fuego

versión de Antonieta Villalba Zúñiga
ilustrado por Dario Brabo

Capítulo 1

Una vida sin fuego

Cuenta un antiguo relato huichol que hace mucho, mucho tiempo, los seres humanos no tenían fuego.

Durante el día, el sol iluminaba y daba calor, pero las noches eran oscuras y frías. Cuando la luna estaba llena, los hombres aprovechaban para salir a cazar. Llevaban alimentos a sus familias, pero no podían cocinar y las comidas eran crudas y frías.

El fuego estaba en algún lugar, escondido de las miradas humanas. Quien lo cuidaba se negaba a compartirlo e impedía por todos los medios que otros lo obtuvieran.

Los seres humanos deseaban tener algo que iluminara sus noches y les proporcionara calor. Pensaban en lo maravilloso que sería poder andar en la noche como lo hacían en el día y que algo más potente que la luz de las luciérnagas los acompañara. También se preguntaban cómo sería poder tomar los alimentos calientes, seguramente tendrían mejor sabor.

Deseosos de mejorar esa situación, los ancianos del pueblo huichol se reunieron y hablaron sobre la manera de encontrar algo que les diera bienestar en medio del frío y la oscuridad. Así que llamaron a muchas personas y animales para que les ayudaran a encontrar una solución.

—¿Alguno de ustedes sabe cómo hallar algo que nos dé un poco de luz durante la noche? —preguntó uno de los ancianos.

—¿Qué tal si nos aventuramos a ir al centro de la Tierra? Dicen que hay una enorme bola roja y caliente. Podemos sacar un poquito de ella y traerla a la superficie —sugirió un león de montaña, mientras imaginaba la hazaña.

—Sería un viaje demasiado largo y podríamos perdernos en medio de tantas galerías subterráneas y empinadas —respondió otro de los ancianos.

Todos se miraron y continuaron analizando las posibilidades. Estaban desesperados y ansiosos por hallar una respuesta. De repente, un hombre se aproximó a los ancianos y les dijo:

—Busquemos un rayo de sol en el horizonte. Algunos creen que detrás de aquellas montañas descansa el gran astro —dijo señalando el oriente.

A todos les pareció una gran idea. Uno de los ancianos dijo:

—El sol siempre ha sido bondadoso con nuestro pueblo. Si le pedimos que nos obsequie al menos uno de sus rayos, no se negará.

—Es probable que quiera regalarnos uno de sus rayos. Sin embargo, no está de más ser precavidos y tener otro plan por si este falla —finalizó el hombre con un tono invencible.

—Mi bisabuelo me contó que hace mucho tiempo los animales y los seres humanos trabajaron juntos para obtener los cuatro elementos que darían equilibrio y bienestar a la comunidad: la tierra, el aire, el viento y el fuego. Los tres primeros se repartieron equitativamente, pero alguien se quedó con el fuego y no quiso compartirlo —intervino un coyote de largas orejas.

Después de escuchar al coyote, los ancianos, las demás personas y animales reunidos escogieron a quienes viajarían a buscar el rayo de sol. Serían cinco guerreros los que iniciarían esta búsqueda. Todos estaban confiados de lograr el resultado esperado.

Una pequeña y tímida zarigüeya añadió algo más, pero en medio de la algarabía su voz se perdió, solo los que estaban cerca alcanzaron a escuchar:

—Mientras los guerreros se dirigen al oriente, yo puedo ir hacia el occidente, en dirección contraria. Mi padre solía decir que nuestro destino es buscar en varios caminos para encontrar lo que buscamos.

Capítulo 2

A través de las montañas

Los cinco guerreros se prepararon para iniciar su viaje hacia la montaña donde nacía el sol. Los ancianos les proporcionaron algunos alimentos y les dieron las herramientas necesarias para la travesía. Antes de que se marcharan les advirtieron:

—Tengan mucho cuidado con las cuevas que se ocultan entre las montañas, allí hay animales astutos que se divierten confundiendo a los viajeros.

—No se preocupen —respondió uno de los guerreros—. Estaremos pendientes de aquellos que finjan que son nuestros amigos o deseen engañarnos.

Los guerreros iniciaron su búsqueda. En el camino encontraron algunos obstáculos.

—Miren, ahí hay una cueva —dijo uno de ellos.

De repente, salió de ella un zorro rojo que estaba agazapado, y les dijo:

—Queridos forasteros, sé que están buscando un rayo de sol y quiero ayudarlos. Les mostraré el atajo que deben tomar para llegar más rápido.

—Dinos, ¿dónde está? —quiso averiguar uno de los guerreros.

—Bajen por esta montaña y encontrarán un río. Deberán nadar hasta la otra orilla y pedir una piedra azul a la tortuga que descansa allí. Lancen la piedra de nuevo al río y aparecerá un camino que los conducirá directamente al sol —dijo el animal sonriendo astutamente.

Los guerreros se asomaron para ver el río. El líder del grupo recordó las sabias palabras de los ancianos y desconfió del zorro. Además, lo que les había dicho sonaba muy fantasioso.

—Sabemos que nos engañas, astuto zorro, por eso mejor nos vamos. Queremos llegar al final por nuestros propios medios.

Los guerreros continuaron su camino, pensando en lo afortunados que serían si encontraban un rayo de sol. Este pensamiento los motivó a seguir adelante.

Sin embargo, al llegar a la montaña que buscaban se dieron cuenta de que el sol no nacía en ese lugar, sino un poco más hacia el oriente. Caminaban durante el día y en la noche descansaban en las hendiduras de las rocas. Así lo hicieron durante mucho tiempo, pero no se encontraban con el sol.

Los pies de los guerreros estaban cansados y se negaban a dar un paso más, así que el líder de la expedición dijo:

—Es el momento de regresar, seremos más útiles para nuestro pueblo si volvemos y buscamos calor y luz en otro lugar.

Todos estuvieron de acuerdo y dieron media vuelta. De repente, se escucharon unas voces agudas en el cielo:

—¡Oigan! ¿Buscan un rayo de sol?

Eran unas aves muy coloridas y simpáticas quienes hablaban.

—¿Ustedes saben dónde podemos hallarlo? —les preguntó un guerrero.

—Claro que sí, somos las mensajeras del sol, él les envía un aviso. Presten atención.

Los guerreros sentían gran curiosidad por saber qué mensaje les mandaba el sol y uno de ellos respondió:

—Díganos, queridas aves, nuestros oídos están prestos.

—Regresar a sus hogares es la mejor decisión que pudieron tomar, pues el sol no les dará ninguno de sus rayos. Desde hace algún tiempo, un ser tiene en su poder un amuleto en forma de rayo, así que tendrán que buscarlo y pedirle un poco. Si no lo quiere compartir, tendrán que utilizar su ingenio —dijo un ave.

—¿Dónde está ese ser? —preguntó otro de los guerreros.

—No lo sabemos —respondieron las aves mientras se alejaban volando.

Capítulo 3

El guardián del fuego

Las personas vieron que los guerreros llegaron con las manos vacías y se desanimaron un poco. Los ancianos les preguntaron qué había sucedido y ellos respondieron:

—No estén tristes, es cierto que no traemos ningún rayo con nosotros, pero el mismísimo sol nos ha mandado un aviso con sus mensajeras, unas aves magníficas.

Cuando dijeron esto, muchos animales y personas se empezaron a reunir alrededor de ellos. Todos querían conocer el mensaje.

—Al parecer hay una chispita de rayo de sol en la región, alguien la tiene escondida. No nos dijeron exactamente quién, pero ya lo descubriremos.

Una de las cazadoras, a quien todos respetaban por su fortaleza y sabiduría, expresó:

—Nuestro pueblo siempre ha superado las adversidades. Estoy segura de que encontraremos una solución para este problema. Van a ver que en poco tiempo tendremos luz y calor para las noches oscuras.

Uno de los guerreros añadió:

—Pues, manos a la obra. Ahora tenemos que buscar un plan. Propongo que nos dividamos en grupos compuestos por animales y personas y que busquemos en todos los sitios que podamos, mientras la luz del día nos lo permita. Los animales que ven de noche pueden ayudarnos a revisar cuando el sol esté durmiendo.

—Cuando encontremos al que guarda la chispita, ¿qué haremos? —preguntó un joven guerrero.

—Podemos llevarle algo valioso y dárselo a cambio de un poco de luz y calor —respondió la valiente cazadora.

—Recuerden que las aves mensajeras nos dijeron que si no quería compartir su tesoro con nosotros, debíamos usar nuestro ingenio. Así que lo mejor es que estemos preparados para cualquier situación —dijo uno de los guerreros que había participado en la expedición.

—Quizá quien lo tiene lo ganó con mucho esfuerzo y sin que nadie de la región se diera cuenta. Teme perderlo y por eso lo oculta —comentó un niño muy interesado en el tema.

La zarigüeya, que también había regresado de su travesía, dijo con una voz casi inaudible:

—Mientras los guerreros viajaban hacia el oriente, yo me dirigí al norte. Caminaba siempre de noche porque prefiero la brisa fresca de la madrugada. En uno de esos recorridos vi dentro de una cueva una lucecita que se movía y alumbraba como un sol en miniatura. Pensé que el lugar estaba vacío y que podría entrar y tomarla, pero no era así.

Nadie había tenido interés alguno en la tímida zarigüeya, pero cuando pronunció esas palabras, todos formaron un círculo alrededor de ella. El pobre animalito se sintió un poco incómodo al ser el centro de las miradas.

—¿Qué sucedió después? —quiso saber un impaciente león de montaña.

—Entré muy despacio y en silencio, me percaté de que un enorme y forzudo jaguar protegía el gran fuego. Lo alimentaba con varios leños secos y lo cuidaba con esmero; no se separaba de él ni un solo instante.

—¿Le preguntaste si podía regalarte un leño encendido? —preguntó una serpiente de mirada esquiva.

—¡Cómo se te ocurre! Es un animal tan grande y tan fuerte, me dio mucho miedo hablarle. Como les venía diciendo, vi esa agradable lucecita, así que me acerqué un poco y me escondí detrás de una roca.

La zarigüeya continuó relatando algunos detalles y contó que, al final, se había alejado de la gruta sin hacer ruido. Los que la escuchaban contenían el aliento, solo se escuchaba una que otra exclamación.

—Antes de regresar con ustedes, hice algunas averiguaciones con animales del lugar y uno de ellos me contó algo interesante —continuó la zarigüeya—. Hace algún tiempo, el sol le dio al jaguar el fuego, ese es el nombre que le dan. Pues ayudó a resolver un largo conflicto entre otros animales. Como recompensa, el brillante astro le regaló unas llamas ardientes que el jaguar ha protegido incansablemente.

Capítulo 4

En busca del fuego

Para finalizar, la zarigüeya les dijo a todos los presentes:

—También me dijeron que el jaguar antes de tener el fuego permanecía de buen humor, pero con el tiempo se ha vuelto un gruñón. Casi no puede salir de la gruta por miedo a que le roben su tesoro.

Los ancianos se reunieron y reflexionaron un momento. Después uno de ellos dijo:

—Sabemos que detrás de ese velo de timidez eres valiente y lista. Por eso hemos pensado que debes regresar a la gruta y tomar un poco de fuego para compartirlo con nosotros.

—¡Yo! Pero soy muy pequeña y mi fuerza no iguala la del jaguar. Sería mejor que fuera uno de los leones de montaña y peleara con ese enorme animal de dientes afilados —aseguró el temeroso animal.

—No se trata de fuerza, pequeña zarigüeya. Como lo explicaron las mensajeras del sol, debemos utilizar nuestro ingenio y tú has demostrado tener mucho.

La zarigüeya se fue de nuevo rumbo al norte. Al llegar a la gruta vio al jaguar. Esta vez decidió entrar y preguntarle:

—¿Puedo descansar aquí un rato, señor jaguar? Llevo varias horas caminando y estoy lejos de casa.

—Bueno, pero ¡no te atrevas a tocar nada! Te estaré vigilando —dijo a regañadientes el jaguar, que no vio a la zarigüeya como una amenaza.

La zarigüeya observó a su alrededor, se acomodó en una piedra cercana a la hoguera y empezó a conversar con su anfitrión.

—¿Por qué vives aquí? Es un sitio incómodo, aunque no puedo negar que se siente un calor delicioso.

—Hace algún tiempo obtuve como recompensa un trocito de sol y no puedo dejar que se apague. Sería terrible, ¡dejaría de ser el guardián del fuego! —respondió el jaguar de mala gana.

—Es maravilloso tener fuego, pero te veo cansado y malhumorado —dijo la zarigüeya con la voz quebrada.

—Desde que obtuve el fuego mi vida ha cambiado, son pocos los momentos que puedo compartir con los de mi especie.

—Si quieres te puedo ayudar a cuidar el fuego y tú...

—¡No! —la interrumpió el jaguar con un fuerte rugido—. No podrías protegerlo tan bien como yo.

Detective del lenguaje	¿Cuál es la función del punto que sigue a la palabra subrayada?

—¿No has pensado que si lo compartieras, otros podrían aprovecharlo y ya no tendrías que cuidarlo todo el tiempo? —replicó la zarigüeya intentando convencerlo.

El jaguar reflexionó por unos momentos, pero se negó a cambiar de parecer.

—Entonces, regálame un leño solo a mí, por favor, mi pueblo lo necesita —suplicó la zarigüeya.

—Lo siento, pero no lo haré jamás. Ahora voy a dormir, cuando despierte espero que hayas desaparecido y que todos los leños estén completos. Si falta alguno, te buscaré hasta que te encuentre y haré que lo devuelvas.

Ya que el jaguar no estaba dispuesto a darle el fuego, la zarigüeya supo que debía tomar un poco. Así que fingió descansar y esperó a que el jaguar durmiera profundamente, acercó la cola al fuego, la encendió y se alejó a gran velocidad.

Estaba tan contenta que corrió sin parar hasta llegar al pueblo huichol.

—¡Aquí viene! —gritó una niña que veía cómo se acercaba presuroso el animalito.

—Logré conseguir lo que necesitábamos —dijo mostrando su cola a la gente y a los animales que vinieron a su encuentro para ver ese maravilloso regalo.

Los ancianos del poblado indagaron curiosos:

—Por el estado de tu cola, deducimos que el jaguar no quiso regalarte un poco de fuego. ¿Cómo lo conseguiste, astuta zarigüeya? Ven, pon la cola en este montón de leños secos para que podamos curártela.

Detective del lenguaje	¿Cuál es el complemento directo en la oración subrayada?

Entonces la zarigüeya acercó su cola a los leños secos para que ardieran con el fuego, este se encendió con tal viveza que todos sonrieron. Los animales y los seres humanos estaban maravillados por su esplendor. Los ancianos observaron complacidos cómo se iluminaba la noche. La zarigüeya continuó narrando:

—Intenté convencerlo para que compartiera el fuego con nosotros. Conversé con él largo rato, pero es muy tozudo. Entonces esperé a que se durmiera, encendí mi cola y salí corriendo.

—¡Qué valiente e inteligente has sido! —exclamaron en coro los guerreros, que habían estado escuchando atentamente.

—Gracias. No pensé que sería capaz de hacerlo. Tenía mucho miedo, pero eso no me impidió poner mi cola en la hoguera.

Desde ese momento, los hombres tuvieron fuego para calentarse en las noches y cocer sus alimentos. Las generaciones siguientes fueron testigos de los sorprendentes cambios que trajo este maravilloso presente. En las noches, los ancianos de la comunidad les contaban a los niños cómo habían conseguido el fuego. Y narraban las hazañas de la astuta zarigüeya, que haciendo uso de su inteligencia, logró arrebatarle este apreciado elemento al jaguar. Se transformó en toda una guerrera.

Te preguntarás qué pasó con el malhumorado animal. Cuando se dio cuenta de que el fuego estaba por todas partes salió furioso en busca de la zarigüeya, pero las aves mensajeras del sol le dijeron que era el momento de compartirlo con todos. Aunque estaba feliz de volver a reunirse con los de su especie, en los atardeceres se ponía melancólico, pues recordaba cuando era el guardián del fuego.

Respuesta a la lectura

Resumir

Usa los detalles importantes de *La zarigüeya encuentra el fuego* para resumir el cuento. Usa el organizador gráfico como ayuda.

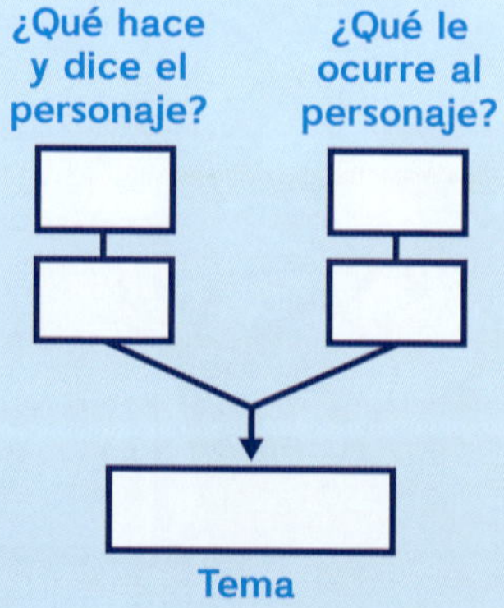

Evidencia en el texto

1. ¿Cómo sabes que *La zarigüeya encuentra el fuego* es un cuento folclórico? Identifica tres características en el cuento que te permitan determinarlo. GÉNERO

2. ¿Por qué se unieron los seres humanos y algunos animales para buscar el fuego? TEMA

3. Explica por qué "Los pies de los guerreros estaban cansados y se negaban a dar un paso más", en la página 7, es un ejemplo de personificación. PERSONIFICACIÓN

4. Escribe sobre cómo el plan de la zarigüeya la ayudó a conseguir el fuego. ESCRIBIR SOBRE LA LECTURA

Género Texto expositivo

Compara los textos

Lee para conocer los pasos de un proceso que nos provee de algo muy dulce.

De las abejas para ti

Algunos afirman que la miel es lo más dulce del mundo y sin duda lo es. Incluso es más dulce que el azúcar.

La miel es producida por las abejas melíferas y les proporciona alimento durante el invierno. Cada abeja obrera elabora menos de media cucharadita de miel en toda su vida.

Hay muchos pasos en el proceso de producción de la miel.

1. Recolección del néctar

En climas cálidos, las abejas obreras usan sus largas lenguas para recolectar el néctar, un líquido dulce de las flores. Este lo aspiran dentro de un estómago especial, el "estómago de miel". Cuando llenan sus estómagos, las abejas regresan a la colmena. La cantidad de néctar que cada una recolecta cubriría solo la cabeza de un alfiler.

2. Conversión del néctar en miel

En la colmena, las abejas obreras pasan el néctar de boca a boca a las "abejas de la casa", que son obreras jóvenes. Las abejas de la casa procesan el néctar en la boca y en su estómago de miel. Aquí las enzimas cambian la estructura de los azúcares, de forma que el néctar se vuelve más similar a la miel.

Luego, las abejas de la casa pegan el néctar alrededor de las celdas de cera en la colmena. El aire caliente de la colmena evapora parte de la humedad del néctar y lo reseca de la misma forma en que un trozo de pan se reseca si lo dejas sobre un plato. Las abejas aceleran el proceso batiendo rápidamente sus alas, lo cual abanica aire caliente sobre el néctar. Cuando se evapora la humedad, el néctar se vuelve muy espeso y pegajoso. En este punto, el néctar se llama miel.

Las abejas sellan las celdas con un tapón de cera. Esta cera la producen en una glándula bajo su abdomen. El conjunto de celdas se conocen como panal.

Las celdas del panal son hexagonales, es decir, tienen seis lados.

Little Creatures/DV317/Digital Vision/Getty Images

3. Recolección de la miel

El apicultor desliza el tablero del panal fuera de la colmena. Si muchas de las celdas han sido taponadas, es tiempo de recoger la miel.

Los apicultores usan trajes protectores cuando abren una colmena.

4. Extracción de la miel

El apicultor usa un cuchillo afilado para remover los tapones de los tableros llenos de miel. Luego, los tableros se centrifugan en una máquina extractora, que es como un gran tambor de centrifugado, y la miel gotea hacia abajo, a un área de recolección.

Una vez envasada, la miel se mantendrá para siempre y estará lista para comer cada vez que desees un poco de dulzura.

Haz conexiones

¿Cuáles son los pasos por los que pasa el néctar para convertirse en la miel que compramos envasada? **PREGUNTA ESENCIAL**

Compara cómo los personajes de *La zarigüeya encuentra el fuego* y las abejas llevan a cabo una tarea. **EL TEXTO Y OTROS TEXTOS**

Enfoque: Género

Cuento folclórico Los cuentos folclóricos son relatos que vienen de una tradición oral. Con frecuencia, los personajes son simples y se describen como buenos, malos, inteligentes, pobres o ricos. Además, pueden tener poderes o habilidades especiales, y aliados que los ayudan. La trama de un cuento folclórico requiere usualmente que el personaje principal cumpla con un desafío o resuelva un acertijo para ganar una recompensa.

Lee y descubre

- *La zarigüeya encuentra el fuego* empieza con la frase: "Cuenta un antiguo relato huichol que hace mucho, mucho tiempo, los seres humanos no tenían fuego" (página 2).
- En la página 13, los ancianos del pueblo le dicen a la zarigüeya: "Sabemos que detrás de ese velo de timidez eres valiente y lista. Por eso hemos pensado que debes regresar a la gruta y tomar un poco de fuego para compartirlo con nosotros".

Tu turno

Piensa en otro desafío que los ancianos podrían haber dado a la zarigüeya para conseguir el fuego. Escribe tu reto y describe el plan que necesitaría para lograr su objetivo con inteligencia y valentía. Asegúrate de que este desafío implique resolver un acertijo.